Bir zamanlar yoksul ama pek çalışkan bir oduncu varmış. Sabahın erken vaktinde kalkıp işe koyulur, akşam hava kararıncaya dek çalışırmış. Oduncunun en büyük dileği, biricik oğlunun iyi bir eğitim almasıymış. Bunun için kestiği odunları satar ve oğlunu okutabilmek için para biriktirirmiş.

Oduncu bir gün oğlunu yanına çağırmış. Ona iyi bir eğitim almanın öneminden bahsetmiş. Onu okutabilmek için dişini tırnağına takarak biraz para biriktirdiğini anlatmış. Bakmış ki oğlan da okumaya hevesli, onu yakınlardaki bir yüksekokula yazdırmış. Her gün eline kitaplarını verir, cebine biraz harçlık koymaya çalışır, oğlunu okula uğurlarmış.

Oduncunun oğlu iyi bir öğrenciymiş. Aksatmadan okuluna gider, bütün vaktini ders çalışmaya ayırırmış. Ancak mezun olmasına az bir zaman kala, babasının onun eğitimi için ayırdığı para bitmiş. Oğlunun eğitimi yarım kaldığı için oduncu çok üzülüyormuş. Ama odun satarak kazandığı para, karınlarını doyurmaya zar zor yetiyormuş. Bu yüzden oduncunun oğlu okuldan ayrılmak zorunda kalmış.

Delikanlı çalışıp para kazanması gerektiğini düşünüyormuş. Babasıyla konuşmuş. Odun keserek ona yardımcı olmak istediğini söylemiş. Babası, oğlunun bu teklifine önce karşı çıksa da sonunda fazla direnemeyip razı olmuş.

Ama baba-oğul iki oduncunun sadece bir baltası varmış. İkinci bir balta alacak paraları da yokmuş. Bu yüzden komşudan baltasını ödünç istemişler.

Ertesi sabah erkenden ormana gitmişler. Kuruyan ağaçları kesip beraberce odun toplamaya başlamışlar. Oduncunun oğlu da babası kadar çalışkan ve güçlüymüş. Babası, oğlunun bu çalışkanlığıyla gurur duymuş.

Güneş tepede yükselince oduncu, biraz dinlenip öğle yemeği yemeyi önermiş. Ama genç delikanlı yorgun olmadığını söylemiş. Etrafı gezmek ve ağaçlardaki kuş yuvalarına bakmak için babasından izin almış. Baltasını da bir kayanın arkasına bırakıp dolaşmaya çıkmış.

Oduncunun oğlu, ağaçlara bakınarak saatlerce yürümüş. Derken o güne kadar gördüğü en büyük, en heybetli ağaca rastlamış. Kıvrım kıvrım uzun dalları, kalın kökleri ve kocaman gövdesiyle asırlık bir ağaçmış bu. Delikanlı bunun tam da kuşların yuva yapacağı türden bir ağaç olduğunu düşünmüş. Başını kaldırıp merakla ağacı incelemiş, ama ne bir kuş görebilmiş ne de kuş yuvası. Bu ıssızlığın pek tuhaf olduğunu düşünürken işittiği sesle irkilip olduğu yerde kalakalmış.

Ses, kuş sesinden çok bebek ağlamasını andırıyormuş. Oduncunun oğlu sesin nereden geldiğini anlamaya çalışmış. Ağacın etrafında dolanırken aynı sesi tekrar duymuş. Sesin sahibi "Çıkarın beni buradan!" diye bağırıyormuş.

Ses ağacın dibinden geliyormuş. Merakını yenemeyen delikanlı eğilmiş. Ellerini köklerin arasında gezdirmiş, çalıları karıştırmış. Nihayet büyükçe bir taşı kaldırmış. Taşı kaldırınca bir de ne görsün? Ağzında tıpası olan cam bir şişe, şişenin içinde de zıp zıp zıplayan, garip görünüşlü, minik bir adam.

Oduncunun oğlu şaşkınlıkla şişeye bakarken şişenin içine hapsolmuş bu tuhaf yaratık, kendisini serbest bırakması için ona yalvarıyormuş. Sonunda delikanlı bu minik adamın yakarışlarına dayanamamış. Tıpayı şişenin ağzından çekip çıkarmış.

Şişenin açılmasıyla o küçücük yaratık bir hışımla dışarı fırlayıp havada yükselmeye başlamış. Büyümüş, büyümüş ve devasa bir cin olmuş. Kendisini Yüce Merkür olarak tanıtmış. Her şeyi yapabilecek güçte olduğunu söylemiş. Öncekinin aksine şimdi sesi gür ve korkutucuymuş.

Cin, cezalandırılarak bu şişeye hapsedildiğini ve şişeden çıkıp intikamını almak için çok uzun zamandır beklediğini anlatmış. Oduncunun oğlu cinin pek de iyi niyetli olmadığını anlayınca onu tekrar şişeye sokmanın bir yolunu düşünmeye başlamış.

Cin kendiyle övünedursun, delikanlı cinin anlattıklarını umursamaz görünüyormuş. Cine, ancak kendi gözleriyle gördüğünde onun kudretine inanacağını söylemiş. Ondan gücünü kanıtlaması için küçülüp o minicik şişeye girmesini istemiş.

Yüce Merkür delikanlının oyununa gelmiş. Gücünü kanıtlamak için küçülmeye başlamış. Parmak boyuna ulaşınca da şişenin daracık ağzından kayarak içeri girmiş. Cin şişeye girer girmez oduncunun oğlu tıpayı takıp şişeyi aldığı yere bırakmış.

Dönüp arkasını gidiyormuş ki cin yeniden bağırmaya, onu serbest bırakması için yalvarmaya başlamış. Delikanlı, onu bir şartla bırakacağını söylemiş. Cinden, dışarı çıktığında sadece iyilik için çalışacağına dair kendisine söz vermesini istemiş.

Karşısında iyi niyetli bir insan olduğunu anlayan cin, oduncunun oğluna söz vermiş. Şişenin açılmasıyla göğe yükselerek büyümüş, büyümüş ve eski heybetli haline dönmüş. Özgürlüğü için delikanlıya teşekkür etmiş ve minnetinin bir göstergesi olarak ona sihirli bir bez vermiş. Bu sihirli bez, dokunduğu her şeyi altına ya da gümüşe dönüştürürmüş.

Oduncunun oğlu teşekkür ederek oradan ayrılmış. Babasıyla odun kestikleri yere gelerek baltasını almış. Cin haklıymış. Bezi baltaya dokundurduğu anda o eski alet, pırıl pırıl gümüş bir baltaya dönüşmüş.

Delikanlı hemen kasabaya inmiş. Bir kuyumcuya girip gümüş baltayı yüz altına satmış. Neşeyle evine dönmüş ve olanları babasına anlatmış. Keseyi açıp altınların tamamını babasına vermiş. Ödünç aldıkları baltanın parasını da rahatlıkla ödeyebileceklerini söylemiş.

Artık sıkıntılı günler geride kalmış. Babası rahat edecek, kendisi de tekrar okula başlayıp eğitimini tamamlayabilecekmiş.